Colección Dominie mitos y leyendas

El rey Arturo y la espada mágica

Una leyenda inglesa

Recuento de Alan Trussell-Cullen

Ilustrado por Clive Spong

Dominie Press, Inc.

Hace mucho tiempo, en el antiguo Reino Unido, había un buen rey que gobernaba a su pueblo con inteligencia. Tenía la ayuda de un mago llamado Merlín. El rey y la reina tuvieron un hijo. Lo nombraron Arturo, y lo adoraban.

Pero cierto día Merlín llegó a ver al Rey, muy preocupado. "Anoche tuve un sueño terrible", dijo él. "Soñé que usted se enfermaría de repente y moriría. Después de su muerte, sus enemigos tratarían de ocupar su trono. Aún peor, tratarían de matar a su hijo".

"Los sueños no deben asustarnos", dijo el Rey.

3

Pero dos semanas después, el Rey se enfermó
de repente. Mandó a llamar a Merlín a su lecho.

"Temo que su sueño podría convertirse en
realidad", dijo el Rey. "Quiero que se lleve a mi
hijo lejos de aquí mientras todavía haya tiempo.
Lléveselo del castillo y escóndalo en un lugar seguro.
No permita que nadie se entere dónde está".

4

Arturo tenía sólo seis meses de nacido.
Avanzada la noche, Merlín abrigó al bebé con
cobijas, y salió del castillo por un pasaje secreto.
Cabalgó toda la noche hasta llegar a una casa
lejos del castillo real.

Le entregó el bebé real a Sir Ector, un caballero bondadoso que aceptó criarlo como si fuera su propio hijo. Merlín no le contó a Sir Ector quiénes eran los padres del niño. Simplemente dijo que el niño necesitaba un buen hogar. En el momento apropiado revelaría quiénes eran los padres del niño.

Sir Ector ya era padre de un hijo. Se llamaba
Kay. Pero Sir Ector, una persona amable, trataba
a los dos niños por igual. Ambos eran sus hijos,
y se criaron como hermanos.

Mientras tanto, el horrible sueño de Merlín se convertía en realidad. Primero, murió el Rey, y entonces todos sus enemigos comenzaron a luchar por su corona. Reunieron sus ejércitos y lucharon unos contra otros. Lucharon durante dieciocho años. El Arzobispo de Canterbury estaba muy preocupado. Una de sus funciones era coronar a la persona apropiada para ser rey. Pero ninguna de las personas que quería ser rey parecía ser la persona apropiada. El arzobispo sabía que estaba en apuros. Decidió llamar a Merlín.

9

"El país necesita un rey que logre traernos paz, Merlín", dijo el arzobispo.

"No se preocupe", dijo Merlín. "Hay un joven que será un gran rey. Pero él no lo sabe todavía". "Entonces vayamos a buscarlo para terminar con todas estas luchas", dijo el arzobispo. Merlín sonrió. "Los otros caballeros nunca lo aceptarán hasta que vean con sus propios ojos que él es el legítimo rey. Invite a todos los caballeros del reino a un torneo. Todos vendrán para saber quién es el que mejor combate en una justa y quién es el más fuerte con la espada. Dígales que deben reunirse en la catedral, y yo les tendré una sorpresita. Usted tendrá su rey".

Kay recién había sido armado caballero,
convirtiéndose en Sir Kay. Así que Sir Ector lo
llevó con él para que también compitiera en el
torneo. Arturo estaba demasiado joven para ser
caballero, así que él les preparó la vestimenta de
caballero y las armas mientras ellos viajaban hasta
la catedral. Todos los caballeros del Reino Unido
llegaron a la catedral antes del torneo.

Merlín y el arzobispo también estaban ahí.
"El torneo comenzará pronto", dijo el arzobispo.
"Pero primero habrá una prueba". Merlín hizo una
señal con las manos. En una nube de bruma
apareció delante de todos una piedra grande. Una
placa en la piedra decía:

Quien saque de la piedra esta espada
es el verdadero rey del Reino Unido.

Después de leer la placa, los caballeros se alinearon para tratar de sacar la espada de la piedra. Uno por uno halaron, exhalaron, empujaron y tiraron con fuerza. Pero ninguno pudo moverla ni una pulgada. Ni siquiera Sir Ector ni Sir Kay. "Esto es sólo otro de los trucos de Merlín", dijo uno de los caballeros. "¡Está tratando de distraernos del torneo!".

"¿Quién ha visto una espada clavada en una piedra?", dijo otro caballero. "¡Yo digo que sigamos adelante con el torneo!", gritó otro.

Todos los caballeros expresaron su aprobación a gritos.

15

Sir Kay y Sir Ector regresaron a buscar su
vestimenta de caballero y sus armas. Arturo
las tenía listas. Entonces él los acompañó al
torneo porque le gustaba ver las justas y las
luchas de espadas.

Pero Sir Kay estaba tan apurado que olvidó su espada. "¡Hermano estúpido!", le gritó a Arturo. "¡Debiste haberme recordado! ¿Cómo puedo participar en una lucha de espadas sin una espada?".

"Tú ve a inscribirte para el torneo", dijo Arturo. "¡Yo regresaré y te traeré tu espada!".

Resulta que Arturo pasó por la catedral de regreso. Vio la espada clavada en la piedra y se le ocurrió una idea.

"¡Ah!", pensó. "Puedo llevarme ésta prestada. Entonces no tendré que regresar todo el camino a buscar la espada de Sir Kay. Después del torneo devolveré ésta con unos regalitos y las gracias".

Tenía tanta prisa que no leyó lo que había escrito en la placa. Simplemente agarró la empuñadura de la espada y haló rápidamente. La espada salió de la piedra con facilidad. Después de pesarla y medirla, pensó que era un poco pequeña para su hermano, pero se sentía bien en sus manos. De un salto se montó a su caballo y cabalgó hasta el sitio del torneo tan rápido como pudo.

Arturo le entregó la espada a Sir Kay y le explicó cómo la había obtenido prestada.

"Debemos tener el cuidado de devolverla", dijo Arturo. Los ojos de Sir Kay se iluminaron cuando vio la espada. Él había reconocido la empuñadura. La arrebató de las manos de Arturo y corrió hasta donde estaban los otros caballeros.

"¡Miren, todos! ¡He sacado la espada de la piedra! ¡Arrodíllense ante mí! ¡Yo soy el que debe ser coronado rey!".

Los otros caballeros fruncieron el ceño. "Yo te vi tratando de sacarla", dijo un caballero. "Ni tú ni nosotros la pudimos mover".

"¿Dónde obtuviste eso?", dijo otro caballero. "¡Es un truco!", dijo otro. Sir Ector tampoco lo creía. Hizo que Sir Kay regresara hasta la catedral.

Sir Kay sabía que lo habían pescado diciendo una mentira. Después de meter la espada otra vez a la piedra, trató de sacarla otra vez. Haló una y otra vez, pero la espada no se movió. Él se enojó.

"¡Arturo!", gritó Sir Kay. "¿Dónde obtuviste esta espada? ¿A quién se la robaste?".

"No se la robé a nadie", dijo Arturo. "Lo único que hice fue tomarla prestada".

Arturo agarró la empuñadura y sacó la espada de la piedra. "¿Ves?". Se oían los suspiros por todo el patio. Arturo miró sobre sus hombros y vio a Merlín y el arzobispo.

"¡Milagroso!", dijo el arzobispo, Se arrodilló delante de Arturo. También lo hicieron Sir Ector, Sir Kay y todos los otros caballeros.

Arturo estaba confundido. "¿Qué sucede?", preguntó.

"Lee lo que dice la placa", dijo Merlín. Arturo se
agachó para leer. "Quien saque de la piedra esta
espada es el verdadero rey del Reino Unido".
Sir Ector miró a Merlín boquiabierto. Merlín
meneó la cabeza. "¡Es hora de contar la historia
de los padres verdaderos de Arturo!", dijo él.

El arzobispo reunió a todos los caballeros para
que también oyeran la historia.